Andrés Salaverría

**La figura del safety & security manager en la
prevención de riesgos laborales**

© Andrés Salaverría Galván

ISBN: **978-1546517740**

Cartagena - Murcia, 2017

DEDICATORIA

A Dios todopoderoso, mi esposa Jessica Ramos Medina, mi madre Audelina Galván Vera, hermanos, amigos y a todo aquel que en materia de seguridad laboral realice funciones de prevención y protección

INDICE

EL AUTOR

PROLOGO

CAPITULO 1:
SEGURIDAD EN EL TRABAJO
Seguridad
El trabajo
Seguridad en el trabajo

CAPITULO 2:
SEGURIDAD OPERACIONAL
Seguridad Operacional
Seguridad física = security
Esquema de seguridad operacional
Servicios y sistemas de seguridad

CAPITULO 3:
FACTORES HUMANOS EN LA SEGURIDAD OPERACIONAL
Los factores Humanos y Organizativos de la Seguridad en el trabajo
Organización de la gestión en los FHO
La integración de los FHO en el SMS
La cultura de seguridad
Modelo SHELL

CAPITULO 4
   SISTEMA INTEGRADO DE GESTIÓN DE PELIGROS Y FACTORES DE RIESGO
   Ámbitos específicos
   Sistema de Gestión de Salud y Seguridad Laboral (OHSAS 18001)
   Principios de la seguridad y salud laboral

CAPITULO 5
   ESTIMACION DE PELIGROS Y FACTORES DE RIESGO
   Estimación de peligros y factores de riesgo
   Evaluación de riesgos

   Plan de prevención

   Proceso de evaluación

   Método FINE

BIBLIOGRAFIA

EL AUTOR

Andrés Salaverria Galván, nació en Caracas, Venezuela el 05 de mayo de 1982. Es Criminólogo egresado de la Universidad Europea Miguel de Cervantes y Escuela de Criminología de Cataluña.

Director de Seguridad y Profesor acreditado por la Dirección General de la Policía y Guardia Civil en España para impartir formación en centros de seguridad privada.

Máster en Prevención de Riesgos laborales en las especialidades de: Seguridad en el trabajo, higiene industrial, ergonomía y psicosociología aplicada. Ha sido auditor en diversas áreas, destacando la Auditoría en Prevención de Riesgos Laborales. (SGPRL Norma Ohsas 18001). De igual manera, la Investigación de Accidentes laborales, siniestros y práctica pericial.

PROLOGO

"La figura del Safety & Security Manager en la Prevención de Riesgos Laborales", es un libro que va dirigido a personal que requiere fundamentar en la normativa de referencia la función de la seguridad integral consiguiendo articular los conceptos de prevención y protección.

Se abordan cinco capítulos destinados a integrar a todos los intervinientes de la actividad laboral, que al ser asumidos dentro de una acertada cultura de seguridad cumplirán los objetivos propuestos por el departamento. A la vez, es un compendio de extractos normativos que en mi vida profesional y tras varias conversaciones con empresarios y trabajadores, logran el acuerdo y la adopción de la seguridad como un patrón de comportamiento.

Para facilitar la aplicación de cada uno de los temas que se abordan se plasman una serie de razonamientos bajo la concepción de corolario, ya que este es un término que se utiliza en matemáticas y en lógica para designar la evidencia de un hecho ya demostrado, y que en materia de riesgos laborales supone el abordaje de una posible consecuencia tan evidente que no necesita demostración. De igual manera, en cada capítulo y a modo de refuerzo los puntos claves se presentan en el apartado "para recordar".

CAPITULO 1

SEGURIDAD EN EL TRABAJO

Seguridad

El trabajo

Seguridad en el trabajo

Corolario

Para recordar

CAPITULO 1

SEGURIDAD EN EL TRABAJO

Según la OIT, cada quince (15) segundos, un trabajador muere a causa de accidentes o enfermedades relacionadas con el trabajo.

Cada 15 segundos, 153 trabajadores tienen un accidente laboral.

Cada día, mueren 6.300 personas a causa de accidentes o enfermedades relacionadas con el trabajo (más de 2,3 millones de muertes por año). Anualmente ocurren más de trescientos dieciséis (317) millones de accidentes en el trabajo, muchos de ellos resultan en absentismo laboral. El coste de esta adversidad diaria es enorme, y la carga económica de las malas prácticas de seguridad y salud se estima en un cuatro por ciento (4%) del Producto Interior Bruto global de cada año.

Estas cifras tienen un elevado impacto económico, social, político e inclusive para la salud pública, y se constituyen en amenaza para la sociedad. Por ello, este capítulo va dirigido a definir la seguridad en el trabajo y la repercusión de todos los que comparten los diversos niveles de competencia en la materia; para conseguir que estas cifras disminuyan con el aporte de cada elemento de protección, prevención y promoción de una conducta segura en las actividades laborales que se realicen.

Las técnicas de seguridad, en función de los riesgos profesionales, le permiten al gerente de prevención de riesgos laborales, establecer las medidas preventivas, garantizar la participación de los trabajadores y facilitar la información necesaria para la empresa en función de la toma de decisiones, haciendo más segura la ejecución de los procesos.

Seguridad

El concepto "seguridad" proviene del latín *securitas* que a su vez se deriva del adjetivo *securus*, el cual está compuesto por *se* y *cura* (cuidado o procuración), lo que significa: sin temor, despreocupado o sin temor a preocuparse.

En lo referente a prevención de riesgos laborales se va a afrontar esta definición de Seguridad desde un punto de vista integral y más amplio, es decir, desde el concepto de "La Seguridad y Salud Laboral" y de sus áreas de especialidades: La Seguridad en el trabajo, la Higiene Ocupacional, la Ergonomía, el ambiente laboral y la Medicina del Trabajo.

El campo de actuación de estas especialidades, que se desarrollan dentro de un Sistema de Gestión de Prevención de Riesgos Laborales "SGPRL", va a estar centrado en las condiciones de trabajo de las personas, para preservar la seguridad y la salud laboral de las mismas.

Campo general de la Prevención	Accidente de trabajo	Enfermedad profesional	Disconfort
Ambiente y entorno físico	Seguridad industrial	Higiene ocupacional	Ergonomía y ambiente laboral
Hombre / mujer — Condiciones físicas	Medicina del trabajo		
Hombre / mujer — Condiciones psíquicas	Psicosociología aplicada, motivación, formación, adiestramiento		

Figura 1: Especialidades de la seguridad y salud laboral

La Legislación en la mayoría de los países obliga al empleador a asumir medidas preventivas, orientadas no sólo al uso de elementos de protección, sino a promover prácticas seguras para evitar los riesgos y condiciones peligrosas en los centros de trabajo; a fin de disminuir los accidentes y enfermedades ocupacionales que comprometan la salud y la vida del trabajador.

Responsabilidad Solidaria

Este concepto se debe interpretar como un refuerzo de la seguridad por todos los participantes y tiene como fin integrar la responsabilidad del dueño de la obra o beneficiario del servicio, extendiéndose hasta los trabajadores y empleados por subcontratistas. Es decir, los trabajadores y trabajadoras subcontratados gozarán de los mismos derechos que aquellos contratados por el dueño de la obra o beneficiario del servicio.

El trabajo

Se denomina trabajo a toda aquella actividad, sea de origen manual o intelectual, que se realiza a cambio de una compensación económica por las labores concretadas. A lo largo de la historia, el trabajo ha ido mutando de manera significativa en relación a la dependencia trabajador/capitalista, y, en cierto modo, quienes realizan actividad laboral fueron conquistando, sobre todo a lo largo del siglo XX, diferentes derechos que les corresponden por su condición de asalariados.

Rafael Alfonzo Guzmán, en su libro "Nueva Didáctica del Trabajo" define el derecho del trabajo, de la siguiente manera:

> *"El derecho del trabajo es el conjunto de preceptos de orden público, regulador de las relaciones jurídicas que tienen por causa el trabajo por cuenta y bajo la dependencia ajena, con objeto de garantizar a quien lo ejecuta su pleno desarrollo como persona humana, y a la comunidad, la efectiva integración del individuo en el cuerpo social y la regularización de los conflictos entre los sujetos de esas relaciones." (Pág.11)*

Diversas acepciones de la palabra trabajo:

1. **Desde el punto de vista fisiológico,** es una actividad humana.

2. Desde el punto de vista económico, se considera como un factor de producción económica para la satisfacción de necesidades.

3. Desde el punto de vista social, es un derecho y a la vez un deber reconocido por casi todos los ordenamientos jurídicos y está jurídicamente protegido, no es considerado cómo un acto de comercio o artículo de intermediación o de transformación económica.

4. Desde el punto de vista jurídico, bajo una noción amplia (abarcando tanto el trabajo autónomo e independiente, como el trabajo por cuenta y bajo dependencia ajena), es el ejercicio lícito de facultades intelectuales y físicas en beneficio propio o ajeno, pudiendo originar una retribución equivalente.

Debe verse en su dimensión social. Aunque su naturaleza o concepción es contractual, por ser un hecho social, debe concebirse en esta dimensión con un sentido más universal.

Seguridad en el trabajo

La seguridad en el trabajo para la prevención de riesgos laborales actúa sobre el entorno físico en el que se encuentra el trabajador, para tratar de disminuir el riesgo de accidentes. En el caso de la gestión de riesgos, se hace para reducir las consecuencias. Para que se considere como accidente, las consecuencias deben ser inmediatas. Si la salud se ve afectada a largo plazo no se considera accidente sino enfermedad profesional.

Objetivos

Prevención y limitación de riesgos.

Protección contra los accidentes y siniestros capaces de producir daños y perjuicios a las personas, flora, fauna, bienes o medioambiente, derivados de la actividad industrial o de la utilización.

Funcionamiento y mantenimiento de las instalaciones o equipos y de la producción.

Uso o consumo, almacenamiento o desecho de los productos industriales.

Clasificación de las técnicas de seguridad

En las técnicas de seguridad se pretende detectar y corregir los riesgos de accidentes de trabajo con dos finalidades principales:

- Eliminar el riesgo.
- Proteger al trabajador.

Dependiendo del **ámbito de aplicación** se clasifican en:

- Generales o polivalentes
  - Analíticas
    - Posterior al accidente
      - .Notificación y registro de accidentes
      - .Investigación de accidentes
    - Previas al accidente
      - .Análisis de trabajo
      - .Análisis estadístico
      - .Análisis de moral de trabajo
  - Operativas
    - Técnico
      - .Concepción
        - Proyecto instalaciones

- o Diseño de equipos
- o Estudio de métodos

.Corrección
- Sistema de seguridad
- Resguardos
- Protecciones personales
- Normas
- Señalización
- Mantenimiento preventivo

- Humano

.Selección de personal
- Test individual

.Cambio de comportamiento
- Formación
- Adiestramiento
- Propaganda
- Acción de grupo
- Disciplina
- Incentivos

- Especiales

Tipos de riesgos profesionales

Desencadenamiento del Riesgo	
De Seguridad	- Lesiones de una forma brusca e inesperada - Originan accidentes de trabajo
Higiénicos	- No producen disminución en la capacidad de la persona de forma inmediata - A lo largo de la exposición continuada llegan a afectar a la salud del trabajador - Son causa de padecimiento de enfermedad profesional
Ergonómicos	- Ayudan a desencadenar riesgos de seguridad e higiénicos

Figura 2: Factores desencadenantes de riesgo

Evaluación de riesgos

La evaluación de riesgos laborales es el proceso dirigido a estimar la magnitud de aquellos riesgos que no hayan podido evitarse, y obtener así la información necesaria para que el empresario esté en condiciones de tomar una decisión apropiada sobre la necesidad de adoptar medidas preventivas y, en tal caso, sobre el tipo de medidas que deben adoptarse.

Acciones Preventivas en los Centros de Trabajo

Promover la Participación de los Trabajadores

El empleador debe facilitar y adoptar las medidas que garanticen la elección de los Delegados y Delegadas Prevención.

Participar y Constituir el Comité de Seguridad y Salud Laboral

Con la participación paritaria de empleadores y trabajadores, debe constituirse el Comité de Seguridad y Salud Laboral.

Organizar el Servicio de Seguridad y Salud en el Trabajo

Organizar un servicio propio o mancomunado de Seguridad y Salud en el Trabajo, orientado a la prevención

Desarrollar el Programa de Seguridad y Salud en el Trabajo

Diseñar, elaborar e implementar el Programa de Seguridad y Salud en el Trabajo, adecuado a cada uno de los procesos que se desarrollen en el centro de trabajo.

ACCION PREVENTIVA	- Anticiparse a la causa
	- Disminuir el riesgo
ACCION CORRECTORA	- Eliminar la causa
	- Actúa sobre el origen
REPARACION DE DEFECTOS	- Identifica el defecto para repararlo
	- Reemplaza el componente

Figura 3: Acciones sobre la no conformidad

Corolario

En las actividades conducentes a la consecución de objetivos enmarcados dentro de la seguridad en el trabajo:

1. cada persona debe ser responsable de sus asignaciones, y de cómo afrontar los riesgos a los que se encuentra expuesto o, en su defecto, a los que se exponen las personas a su cargo.

2. El conocimiento o no de los posibles riesgos profesionales que se derivan de cada actividad o puesto de trabajo, no exime de tomar las medidas necesarias para proteger a los trabajadores.

3. Debe verificarse que cada trabajador asuma su rol como participante del análisis de riesgo de su puesto de trabajo; lo que, a su vez, facilitara que se comprometa con las medidas adoptadas por la empresa.

4. La seguridad en el trabajo integrada en el Sistema de Gestión de Prevención de

Riesgos Laborales enmarca una serie de lineamientos que siempre supondrá un cumulo de ventajas y beneficios para el empleador, o quien dirija la actividad.

5. Todavía se puede observar de forma manifiesta como se cree que, en materia de seguridad, el costo es una pérdida y no una inversión, que a mediano y largo plazo incrementan los beneficios en todas las áreas.

PARA RECORDAR

Los accidentes de trabajo Se producen de forma imprevista y se caracterizan por las lesiones que provocan a los trabajadores.

Las disciplinas o especialidades de la Salud y Seguridad Laboral incluyen la Seguridad en el Trabajo, Higiene industrial, Salud Ocupacional, Ergonomía y Medicina en el Trabajo.

La Organización Mundial de la Salud define la *Salud* como: El estado completo de bienestar físico, mental y social, y no solamente la ausencia de enfermedad.

Los accidentes son sucesos bruscos e inesperados que pueden causar daño y la enfermedad profesional es un deterioro lento de la salud, a causa de una exposición continuada a un agente nocivo.

Los principales índices para realizar cálculos estadísticos de siniestralidad laboral son: incidencia, frecuencia y gravedad.

Las enfermedades profesionales requieren un reconocimiento legal.

Los trabajadores tendrán derecho a ser informados y formados en materia preventiva.

El empresario deberá garantizar la seguridad y la salud de los trabajadores a su servicio en todos los aspectos relacionados con el trabajo.

Es obligación de los trabajadores cooperar con el empresario para garantizar unas condiciones de trabajo seguras.

El empresario garantizará a los trabajadores a su servicio la vigilancia periódica de su estado de la salud en función de los riesgos inherentes al trabajo.

La Psicosociología se encarga de:

- Luchar contra la insatisfacción laboral, el estrés y la depresión.

- Se basa en el estudio de los individuos y las relaciones que se establecen entre ellos.

- Humanizar en la medida de lo posible la organización del trabajo.

Son obligaciones del trabajador: la adopción de las medidas de seguridad e higiene.

CAPITULO 2

SEGURIDAD OPERACIONAL

Seguridad Operacional

Seguridad física = security

Esquema de seguridad operacional

Servicios y sistemas de seguridad

Corolario

Para recordar

SEGURIDAD OPERACIONAL

Muchos son los factores a tomar en cuenta para determinar que un área cualquiera pueda considerarse como segura. Partiendo de esta línea, es posible darse cuenta de que existen diversas formas de plantear la seguridad. El conocimiento de las características que componen cada una de estas formas es fundamental para el entendimiento de la seguridad.

El término de seguridad operacional, como se describe y profundiza en esta guía, está directamente relacionado con los procedimientos y objetivos enmarcados dentro de la seguridad industrial (safety). Pero, al mismo tiempo se integra con el concepto de seguridad física (*security*); enfocado a las amenazas de la posible comisión de hechos delictivos, o que atenten contra las personas o la integridad de sus bienes.

La seguridad, en cada uno de sus ámbitos, representa eslabones de la misma cadena. Comprender este enfoque es de especial importancia, porque, en algunos casos, los departamentos o la gerencia, aunque sean estructuras paralelas, tienen objetivos diferentes en materia de las prioridades de seguridad.

Definición de Seguridad Operacional

En el año 2011, la Organización Mundial del Trabajo definió la Seguridad Operacional como: *"Un estándar internacional, en torno a los componentes básicos que debe incluir un SMS"*, a través del documento *ILO-OSH 2001 Guidelines on Occupational Safety and Health Management Systems*.

La Seguridad Operacional, o *Safety*, se refiere a los procesos encaminados a la reducción del número de accidentes e incidentes. Para ello, se basa en tres pilares fundamentales:

- La definición de niveles de seguridad aceptables, así como de indicadores que permitan detectar una desviación que llevase a la degradación o pérdida de dichos niveles.

- La notificación, investigación y análisis de incidencias de seguridad, así como la posterior difusión de las lecciones derivadas de dichas incidencias, con el fin de aprender de los errores pasados, aplicando las medidas preventivas o correctivas adecuadas para que no vuelvan a producirse. Esta parte tiene un carácter básicamente reactivo, es decir, se buscan soluciones, a partir de lo que ya ha sucedido.

- La detección, evaluación y mitigación de riesgos, encaminada a la localización precoz de las posibles amenazas y la aplicación de barreras y medidas mitigadoras sobre el sistema, con el fin de que el nivel de riesgo sea tolerable. Esta parte es básicamente proactiva, es decir, va encaminada a que las posibles amenazas sobre el sistema no se den; y, si se dan, que el efecto sea lo menos severo posible.

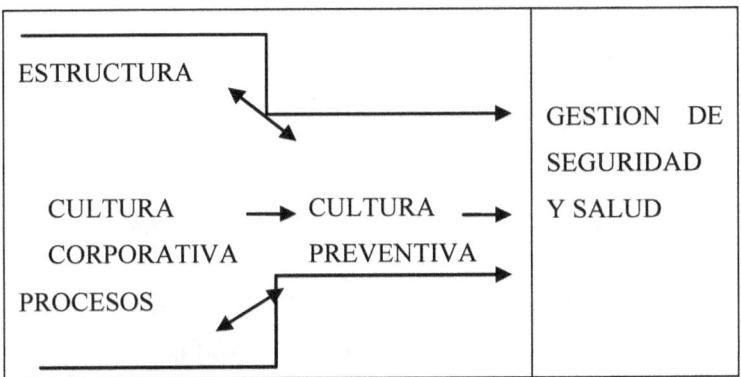

Figura 1: Diagrama de la estructura en seguridad organizacional

Seguridad física = security

La seguridad, regularidad y eficiencia de la actividad laboral, y de sus instalaciones y servicios, han sido amenazadas por una variedad cada vez mayor de actos criminales.

La Seguridad Física, o Security, tiene como objetivo primario: asegurar la protección y la salvaguardia de los usuarios o clientes, los trabajadores, el empresario, el público, las maquinas, las instalaciones en donde se prestan o sectorizan sus servicios y los datos necesarios para su prestación, contra actos de naturaleza ilícita.

Esta tarea se lleva a cabo, mediante una combinación de medidas y la organización de diversos recursos humanos y materiales; considerando que su principio fundamental es que las medidas aplicadas sean proporcionales a las amenazas.

El término **safety** es la minimización del riesgo de ocurrencia de accidentes e incidentes graves (prevención). ***Security***, por otro lado, se encarga del control de incidentes de las actividades laborales, las infraestructuras, los bienes y las personas contra actos y hechos delictivos (protección).

Se trata de dos conceptos distintos, pero complementarios; ya que, por ejemplo, un trabajador desprotegido es operacionalmente inseguro, y, si no existe un análisis de seguridad operacional específico de un puesto de trabajo, de nada servirá su protección.

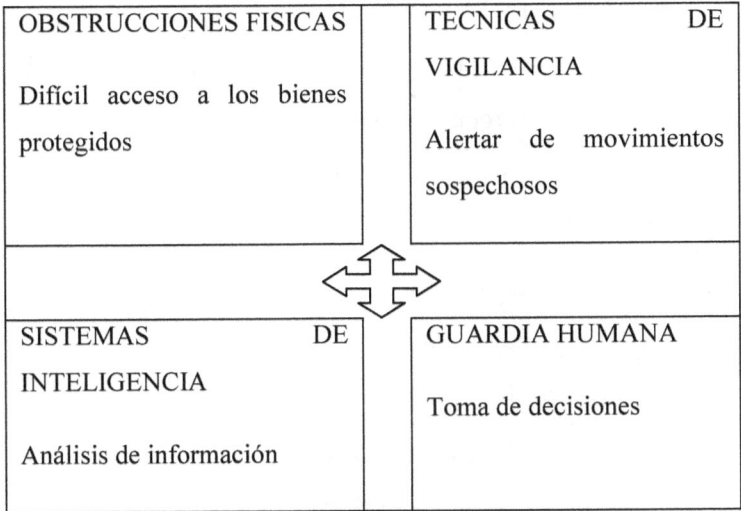

Figura 2. Categorías de seguridad física

Esquema de seguridad operacional

- **Política y objetivos de seguridad:**
    - Responsabilidad y compromiso de la dirección
    - Responsabilidades de seguridad de los gerentes
    - Designación del personal clave de seguridad
- **Plan de implementación de un SGSO**
    - Coordinación de la planificación de respuesta a la emergencia
    - Documentación
- **Gestión del riesgo**
    - Procesos de identificación de peligros
    - Procesos de evaluación y mitigación del riesgo
- **Aseguramiento de la seguridad**
    - Monitorización y medición del desempeño de la seguridad operacional
    - Gestión del cambio
    - Mejora continua del SMS

Servicios y sistemas de seguridad

La seguridad de una instalación o empresa debe estar integrada en todas sus etapas (desde sus inicios, hasta su definitivo desmantelamiento). Con ello, se alcanza una relación mínima entre la eficacia de las medidas de seguridad y el coste económico que ellas generen.

Seguridad Operacional en la Prevención de Riesgos Laborales

La seguridad operacional se refiere tanto a los requisitos propios de la fabricación como a las inspecciones y mantenimiento.

Preventivo	Revisiones periódicas y sustituciones de piezas, según sus horas de funcionamiento; coincidiendo con paradas programadas de las plantas o también cuando están en producción. Incluye los engrases y lubricación en general.
Predictivo	Control de los parámetros importantes de las máquinas, mediante la utilización de técnicas avanzadas de diagnóstico.
Correctivo	Se efectúa la reparación de la máquina, cuando se ha averiado.

Figura 3. Tipos de mantenimiento

Responsabilidad

Desde el punto de vista moderno de la Gestión de Seguridad Operacional, la ocurrencia de numerosos accidentes se debe en la forma como se perciben, interpretan y gestionan estos sucesos, dentro de las organizaciones.

Un accidente, según este nuevo enfoque, no es considerado como un hecho aislado (producto de un error o violación a la norma del último eslabón operacional de una empresa o institución, representado en la figura del trabajador).

Un accidente se presenta como un suceso producido de forma posterior a una serie de eventos, con la presencia de condiciones latentes que revisten peligros y riesgos potenciales, los cuales, a través del tiempo, no se gestionaron de forma debida. Estas condiciones latentes de peligro no son tan evidentes como los accidentes, porque, para detectarlas, se requiere la implementación de estrategias de supervisión, evaluación, seguimiento y control.

Si no se toman en consideración estas estrategias de carácter preventivo, dichas condiciones pasarán desapercibidas, por lo que, al confluir una serie de variables acompañadas de probabilidad estadística, tendrán la oportunidad de descargar su potencial dañino, teniendo como consecuencia lesiones graves.

Este evento constituye una responsabilidad compartida, en mayor o menor grado, de cada elemento de la Institución que pudo haber tomado alguna decisión o acción con el propósito de evitarlo. El elemento organizacional, como parte del factor humano causal de accidentes, es quien impacta, de mayor manera, en la conducta del personal; siendo, por este motivo, tan utilizada la expresión:

"La Seguridad es tarea de todos".

Seguridad Integrada

La función de seguridad se asigna a todas las personas integrantes de una estructura organizativa, de acuerdo con los principios modernos de la organización del trabajo. Se integra en cada una de las actividades que forman parte de la empresa, es decir, se constituye en un eje transversal.

La Seguridad debe estar integrada, en el medio empresarial, como un factor más de la esencia y operación de los distintos elementos que lo componen, fundamentalmente en:

- Personal
- Métodos
- Edificios e instalaciones
- Procesos, máquinas o productos
- Comercialización

Medios organizativos y de gestión

Para la consecución de los niveles de seguridad establecidos, se debe contar con suficiencia de recursos de diversos tipos. A continuación, se mencionan algunos de ellos:

Económicos

Toda aplicación de un Programa de Seguridad implica necesidades económicas que deberán ser conocidas de antemano. Se debe contar, de forma permanente, con financiamiento para asegurar la eficacia del programa de seguridad.

De conocimiento (*Know how*)

Métodos, sistemas, modelos reconocidos y procedimientos de actuación propios de la seguridad a desarrollar o adoptar internamente.

Organizativos

Medios generales en los que apoyarse, pertenecientes a la empresa (recursos humanos, comunicación, mantenimiento, entre otros) o específicos de la organización de la seguridad, como:

- Comité de Seguridad e Higiene.
- Consejo de Seguridad.
- Departamento de Seguridad.
- Servicio Médico.

Es aconsejable que el Departamento de Seguridad funcione como órgano asesor (*staff*) de las líneas operativas.

Humanos

Los órganos de gestión y equipos humanos deberán estar dotados del personal preciso, con carácter profesional, perteneciente a la propia empresa (dedicación exclusiva a la seguridad o compartido) o acudiendo para ciertas actuaciones o servicios externos.

Medios técnicos

Disposición de los medios materiales necesarios para las actuaciones organizativas (infraestructura del Departamento de Seguridad) y operacionales (instalaciones y equipos de seguridad).

A C T U A R	REVISION POR LA DIRECCION	PLANIFICACION - Identificación de peligros - Evaluación y control de riesgos - Requisitos legales y normativas - Objetivos y programas	P L A N I F I C A R
V E R I F I C A R	SEGUIMIENTO Y MEDICION - Evaluación de cumplimiento legal - Investigación de incidentes, accidentes, no conformidades y acciones preventivas - Control de registros - Auditoría interna	IMPLEMENTACION Y OPERACIÓN - Recursos, roles y responsabilidades - Competencias, formación y compresión - Activación, consulta y participación - Documentación - Control operacional - Preparación y respuesta ante emergencias	H A C E R

← Mejora Continua →

Figura 4. Sistema de Gestión de Seguridad Operacional SMS

Corolario

El sistema de gestión de seguridad operacional se constituye como en una garantía de mejora y evolución continua, enfocada a los procesos y a las instalaciones en donde ellos se llevan a cabo. Esto quiere decir:

1. En caso de materializarse un hecho inesperado, como los accidentes, este sería consecuencia de una cadena de elementos que no se tomaron en consideración.

2. Los hechos causales tienen diversas naturalezas. A veces, la intención manifiesta del último eslabón en el que se produce podrá ser determinada a través de las concepciones de seguridad física o las de seguridad operacional.

3. Es allí, en la investigación del suceso, donde la labor del personal que realiza las tareas preventivas y el personal de protección convergen, para determinar las posibles responsabilidades.

4. Es conveniente que las personas con responsabilidad en este tema participen en el desarrollo de un concepto integral de seguridad que abarque la participación de todos los trabajadores, empleadores, empresarios, delegados y demás responsables, haciendo énfasis en el desarrollo de la cultura preventiva y la difusión de las medidas de seguridad.

PARA RECORDAR

Existe una función de seguridad asignada a todas las personas que conforman una estructura organizativa, dicha función es la seguridad integrada.

El concepto de Seguridad física se define como protección de las personas y sus bienes.

Partiendo desde el concepto de seguridad en trabajo, no existe la seguridad total o completa.

El análisis de factores de riesgo es el grado de facilidad con el que se podrían producir los daños.

El análisis de riesgos y vulnerabilidades es anterior al plan de protección.

La protección es un sistema empleado para que una persona, lugar o cosa este fuera de peligro o daño.

Dentro de la concepción de la seguridad física, y en relación al sistema de protección, un sistema de seguridad Integral es el más completo.

El sistema integral de seguridad es un conjunto de procedimientos.

Los elementos de un plan de seguridad son medios humanos, técnicos y organizativos.

El elemento indispensable en un medio de seguridad es el recurso humano.

Ejercer la vigilancia de bienes y personas y evitar la comisión de actos delictivos es propio al personal de Seguridad Física

En caso de presenciar, dentro de las instalaciones a cargo de una empresa contratante, la ejecución de un hecho punible debe ser comunicada por el Oficial de Seguridad a los órganos y cuerpos de Seguridad competentes.

El riesgo es la contingencia o proximidad de un daño.

Por su naturaleza, los riesgos pueden ser naturales y provocados.

Un accidente se presenta como un suceso que se produce posterior a una serie de eventos anteriores, con la presencia de condiciones latentes que revisten peligros y riesgos potenciales.

El elemento organizacional impacta de mayor manera, en la conducta del personal

Desde el punto de vista moderno de la Gestión de Seguridad Operacional, la ocurrencia de numerosos accidentes se debe a la forma como se perciben, interpretan y gestionan estos sucesos, dentro de las organizaciones.

Un accidente se presenta como un suceso producido de manera posterior a una serie de eventos anteriores, con la presencia de condiciones latentes que revisten peligros y riesgos potenciales; los cuales no se gestionaron de forma debida, a través del tiempo.

CAPITULO 3

FACTORES HUMANOS EN LA SEGURIDAD OPERACIONAL

- Los factores Humanos y Organizativos de la Seguridad en el trabajo
- Organización de la gestión en los FHO
- La integración de los FHO en el SMS
- La cultura de seguridad
- Modelo SHELL
- Corolario
- Para recordar

FACTORES HUMANOS EN LA SEGURIDAD OPERACIONAL

El enfoque de los Factores Humanos y Organizativos (FHO) y su integración en la Seguridad Operacional, desde su punto de vista preventivo (SMS) y fundamentado en el análisis de las causas y consecuencias de accidentes laborales; debe tener en cuenta gran cantidad de elementos durante la formulación de hipótesis, ya que estos factores suelen ser una consecución de hechos que producen consecuencias no deseadas.

Cuando se habla del análisis de Factores Humanos en el quehacer diario de un trabajador, los elementos a tener presentes son la percepción, atención y memoria. Esta actividad, además de la experiencia en accidentes de similares características dentro del ámbito laboral, permite tener una concepción ampliada sobre la importancia de la formulación de hipótesis y variables, en materia de seguridad industrial.

La efectividad y asertividad, en la detección y comunicación de incidentes será determinante, dentro de los diversos enfoques que se abordarán desde la cultura preventiva. Se suele indicar el error humano como la causa, o una de las causas de muchos accidentes; pero no se toma en consideración que los errores son la consecuencia de determinadas características situacionales que no fueron evidentes o solventadas por el trabajador o las medidas de la empresa.

La seguridad, cuando es asumida por el personal que labora e identifica sus riesgos, es, entre muchas cosas, positiva. Quizás, quienes suelen detectar y gestionar numerosas situaciones de alto riesgo que han pasado desapercibidas, o sido gestionadas de forma insuficiente por los sistemas automatizados, son los operarios y usuarios.

FACTORES HUMANOS Los errores son la consecuencia de características situacionales que no fueron evidentes	1. Aprendizaje sobre el error. 2. Analizar los casos en los que se ha producido el fallo

Figura 1. Los errores en los factores humanos

Los Factores Humanos y Organizativos de la Seguridad en el trabajo

El ser humano supera un gran número de barreras que se pueden categorizar como errores, tanto de manera individual, como en actividades de interés colectivo. El humano toma lecciones basándose en las situaciones vividas, trayendo como consecuencia el desarrollo de su capacidad para afrontar situaciones de similares características.

Es por ello que se presenta la necesidad de entender los mecanismos de esta contribución (como es el aprendizaje sobre el error), para determinar la fiabilidad y poder analizar los casos en los que se ha producido el fallo. Desde el punto de vista preventivo, esto supone un elemento desfavorable.

Posterior al análisis, mediante experticias, que confirme el error, se debe hacer un esfuerzo para estar en la misma situación que el que lo cometió. El planteamiento de las posibles hipótesis es fundamental, ya que, posterior al error, la investigación partirá desde el resultado.

Se debe tener en cuenta que una acción errónea similar, sin consecuencias graves, pudo haberse producido en reiteradas ocasiones (porque los medios técnicos y organizativos lo soportaron); es decir, el hecho de que ocurriera el accidente manifiesta un fallo en el conjunto.

Los errores en materia de diseño se traducen como "errores latentes", es decir, configuraciones en las cuales existe una alta probabilidad de que un error de realización ocurra. Las mismas características del ser humano y de su actividad que contribuyen a la fiabilidad, a veces, también conducen a una falta de confiabilidad.

Un error es siempre involuntario, y debe ser diferenciado de una violación que por el contrario es voluntaria. La palabra *faute* (falta) se utiliza, a veces, en francés, para traducir la palabra inglesa *fault*, que significa "falla". Este término hace referencia a una noción moral o jurídica que, a menudo, entorpece la comprensión de lo sucedido y en poco contribuye a la prevención.

Una política de sanciones enfocada en errores y violaciones, sin reflexionar sobre la intención del operador y sobre las circunstancias en las cuales este se encontraba, es contraproducente; desde el punto de vista de la seguridad.

Colectivos profesionales

Los colectivos profesionales pueden hacer una contribución importante a la seguridad, ya que:

- Constituyen una barrera frente a los errores susceptibles, en el caso de ser cometidos por un miembro del equipo (detección y recuperación). Constituyen un soporte que limita los efectos de las variaciones de estado personal sobre la seguridad (evento personal), y también una ayuda mutua que permite reducir el coste humano en la realización de las tareas, y

- Contribuyen a la recepción y a la formación de nuevos miembros, a los que pueden transmitir formas de conocimiento distintas de las enseñadas por la empresa (conocimiento físico de las instalaciones, reglas del oficio para enfrentar ciertas situaciones, entre otros). Sin embargo, los colectivos no siempre juegan este papel positivo.

Hay tres grandes casos que son potencialmente negativos para la seguridad:

1. **Los colectivos profesionales fuertes**, percibidos por la organización como una amenaza, y para los cuales no existe ningún espacio de discusión entre las reglas formales de la empresa y las reglas del oficio del grupo. Ocurre entonces un divorcio entre la seguridad vista por el oficio y la seguridad vista por la dirección, lo que puede llevar a riesgos graves y que impide progresar.

2. **Los colectivos dañados**, y hasta destruidos por las evoluciones organizativas. El repliegue individual ha avanzado por encima de la puesta en común de las dudas y las competencias. La desconfianza recíproca limita los intercambios de información y la identificación de situaciones anormales. La vigilancia global del grupo se ve afectada, no

existe la ayuda mutua y el logro de los objetivos resulta costoso para todos.

3. **Los colectivos con dificultades para entenderse mutuamente**, en conflicto y enfrentados unos contra otros. En este caso, los problemas de interrelación entre grupos profesionales se multiplican y generan problemas de seguridad.

	Fuertes	Origina riesgos graves
Colectivos profesionales negativos	Dañados	Dificultan el logro de objetivos
	Dificultad de entendimiento	Generan problemas de seguridad

Figura 2. Casos potencialmente negativos de colectivos profesionales

Organización de la gestión en los FHO

La empresa debe producir, de forma suficiente, para las numerosas partes implicadas: accionistas, clientes, administración, trabajadores y sus representantes, contratistas, vecinos y opinión pública, entre otros.

Las normas ISO 9000, en su versión 2000, hacen referencia a la diversidad de clientes de la empresa, cuyas necesidades hay que integrar. Cada uno de estos involucrados tiene expectativas muy diversas. La empresa debe permitir la coexistencia de diversas lógicas que, en primera instancia, no son compatibles.

La organización es el proceso a través del cual se ejerce esta implementación de una compatibilidad relativa entre lógicas que pueden ser distintas. La organización es al mismo tiempo una estructura (un organigrama, unas reglas) y un conjunto de actividades e interacciones entre los actores, que permiten administrar la aplicación de reglas en las situaciones cotidianas, o hacer evolucionar estas mismas reglas.

En el seno de la estructura organizativa, algunos actores están más específicamente a cargo de sostener una lógica: por ejemplo, los responsables de calidad, seguridad o medio ambiente.

A la inversa, la dirección por una parte, y los sectores de producción por otra, deben integrar el conjunto de lógicas bajo unas formas de compromiso razonablemente aceptables para todos los actores involucrados. En algún momento, una de las lógicas puede tomar ventaja sobre otras en las decisiones de gestión.

La lógica de seguridad pasa, entonces, a un segundo plano por un tiempo, durante el cual las personas que sostienen esas ideas son menos atendidas, y sus alertas poco escuchadas.

Otro riesgo es que la lógica de seguridad esté presente únicamente del lado de la estructura: las reglas se producen y se difunden, pero no se tratan las dificultades que existen para su implementación.

La dirección tiene motivación para transmitir de manera descendente las consignas formales, pero no se involucra colectivamente en el tratamiento de situaciones reales complejas, ni en el retorno ascendente de informaciones susceptibles de modificar la política de la dirección.

Cuando la estructura organizativa habla pero no escucha, la seguridad está en peligro. Por el contrario, la organización contribuye a la seguridad industrial cuando favorece una articulación constante entre las reglas formales, portadoras de saberes generales, y el conocimiento de las situaciones particulares de producción (información que les llega por medio de los operadores y los colectivos profesionales).

Los directores de todos los niveles tienen entonces la misión de asegurar la compatibilidad en ambos sentidos, entre las orientaciones globales de la empresa y la realidad del trabajo de aquellos a quienes dirigen. Es uno de los componentes esenciales de una cultura de la seguridad.

La integración de los FHO en el SMS

Integrar los factores humanos y organizativos en el sistema de gestión de la seguridad de una empresa no consiste por tanto en introducir una nueva categoría, que se añadiría a las que componen el sistema de uso de referencia.

Se trata, más bien, de considerar la seguridad como el resultado del trabajo de todos: trabajo de diseño, organización, producción, auditoría y control.

Numerosos actores, en todos los niveles de la empresa y entre los suministradores de servicios, poseen informaciones y competencias vitales para la seguridad. Una parte de la seguridad proviene del trabajo de preparación de la respuesta frente a fenómenos previsibles, gracias a los saberes compartidos a escala internacional. Otra parte se sostiene sobre la capacidad humana, individual y colectiva, de enfrentar localmente situaciones que no han sido previstas.

El enfoque FHO invita a reforzar la conciencia de que ambas dimensiones son necesarias, a comprender que su compatibilidad nunca puede darse por sentada y a organizarse para favorecer dicha compatibilidad. Esto supone que todo actor en el campo de la seguridad sepa que sus saberes deberán confrontarse con otros que él no posee.

La integración de los factores humanos y organizativos de la seguridad se apoya siempre sobre el compromiso de las personas, en todos los niveles de la empresa. La estructura organizativa puede, según el caso, dificultar o favorecer este compromiso

Considerar a la seguridad como el resultado del trabajo de todos	Diseño.	Previo al inicio de la actividad y en función del puesto de trabajo
	Organización	Niveles estratégicos, tácticos y operativos relacionados con los objetivos de la producción
	Producción	El trabajador aporta elementos complementarios y se integra a la evaluación de riesgos
	Auditoría y control	Evaluación de los resultados durante un tiempo determinado con el fin de integrar o modificar los elementos que no se han tenido en cuenta.

Figura 3. La integración de los FHO en el SMS

La cultura de seguridad

El concepto de cultura de la seguridad es reciente. Data de unos veinte años, e inicialmente fue definido y utilizado en la industria nuclear tras la catástrofe de 1986 en Chernóbil. En efecto, la comisión investigadora que trabajó en el caso atribuyó la causa fundamental de aquel accidente, a una cultura de empresa muy deficiente en todos los niveles, relacionados con la seguridad industrial, entre los que destacaron:

- Prioridad de la producción en detrimento de la seguridad.
- Tolerancia de las no conformidades técnicas y procedimentales de seguridad.
- Deficiencias en la formación y la comunicación de la seguridad.
- Clima de trabajo deteriorado, entre otros.

El concepto de cultura de la seguridad se utiliza para designar el componente de la cultura de la empresa que se refiere a las cuestiones de seguridad, en ambientes de trabajo con riesgos significativos. Más precisamente, se puede definir la cultura de la seguridad como el conjunto de prácticas desarrolladas y repetidas por los principales actores involucrados, para controlar los riesgos propios de su actividad.

Tipología de culturas de seguridad

Una empresa puede querer asumir el sistema de gestión de la seguridad de otra organización, o recomendado por un grupo de consultores, pero no podrá hacer lo mismo con la cultura de la seguridad. Esta será el producto de lo que los actores internos logren construir juntos, en cuanto a prácticas duraderas de seguridad.

De allí, la existencia de diferencias culturales, a veces muy importantes, entre las empresas; a menudo, dentro de un mismo sector de actividad.

La siguiente tipología permite aprehender esta diversidad definiendo cuatro grandes tipos de cultura de la seguridad. Esta tipología ha sido construida a partir de la idea desarrollada de que la cultura es una construcción humana edificada principalmente por dos actores colectivos en interacción: la dirección y los empleados de producción.

La cultura fatalista de la seguridad

En la base de esta cultura se encuentra la creencia de que los accidentes son una fatalidad, un golpe de mala suerte, es decir, inevitables. En consecuencia, los actores tienen la actitud de no hacer nada para evitarlos, convencidos de que, en todo caso, los accidentes sucederán. Históricamente este tipo de cultura prevaleció hasta el siglo XVII.

La cultura del oficio en la seguridad

Este tipo de cultura de seguridad se caracteriza por una débil participación de la dirección, que considera que las cuestiones de prevención de accidentes de trabajo son asunto de los empleados. En consecuencia, estos últimos se transforman en los actores más involucrados en la seguridad. Históricamente esta cultura ha predominado en Occidente, en la época preindustrial y a comienzos de la era industrial.

En efecto, durante esos períodos, los patrones se inmiscuían poco en la gestión de los métodos de trabajo. Estos eran desarrollados, entonces, por la gente del oficio. En general en los oficios de riesgo; diversos elementos de estos métodos de trabajo eran prácticas informales de seguridad que tenían el objetivo de evitar heridas o protegerse de los accidentes.

Cultura directiva o de gerencia

Este tipo de cultura de seguridad se desarrolla cuando la dirección se hace cargo del asunto de la seguridad industrial en el puesto de trabajo, y ejerce un papel tan preponderante en la elaboración y el desarrollo de las medidas de seguridad, técnicas y procedimentales, que la participación de los empleados se limita muchas veces a la responsabilidad de aplicarlas cuando realizan su trabajo.

Históricamente, la cultura directiva de seguridad se desarrolló en el ámbito de la minería, donde progresivamente se desplazo a una cultura de oficio muy fuerte. Ese cambio sucedió inicialmente en

Inglaterra, que fue el primer país en el que se produjo la revolución industrial.

Existen tres medios principales para lograr una formalización de las prácticas:

El primero es la adopción de una política formal escrita y pública de seguridad. Se trata de un documento breve en el que la dirección enuncia las orientaciones y principios que se compromete a poner en práctica en materia de seguridad industrial y laboral.

El segundo medio consiste en dotar a la empresa de un sistema de gestión de la seguridad. Un SMS es, de hecho, un manual de gestión que establece las actividades de seguridad a efectuar, su frecuencia, por quién y cómo. Este medio pretende, a la vez, desarrollar nuevas prácticas (por ejemplo, actividades de liderazgo visibles por parte de los directivos) y estandarizar las existentes, especialmente aquellas de la línea jerárquica cuyos diferentes niveles están a cargo de diversos elementos del SMS.

Por último, el tercer medio es la creación o el refuerzo de la función del responsable de la seguridad, para que asesore a la dirección general y a su comisión directiva; forme y ayude a los actores a apropiarse de los estándares de actividad y de métodos que tienen bajo su responsabilidad; y organice y conduzca las auditorías internas y/o externas del SMS, entre otros.

Cultura Integrada

Este tipo de cultura corresponde a una situación donde la dirección continúa asumiendo el liderazgo de la acción en materia de seguridad; pero tomando simultáneamente una serie de iniciativas para favorecer una fuerte participación de los empleados en las actividades relativas a la gestión de la seguridad y en la aplicación de medidas.

Los límites y debilidades de la cultura directiva de la seguridad, la complejidad y peligrosidad crecientes de algunos sistemas socio-técnicos y las estrategias de negocios de ciertas empresas son factores contextuales que empujan crecientemente a las organizaciones a moverse hacia una cultura integrada de la seguridad. Un número todavía limitado, aunque bastante significativo, de investigaciones ha documentado casos reales de organizaciones con ese tipo de cultura y sus prácticas comunes.

Se pueden presentar algunas de esas prácticas en términos del liderazgo de la dirección, o bien en términos de la participación de los empleados. Ambos temas permiten caracterizar el perfil y la dinámica de estos dos actores clave que son los artesanos de la cultura integrada de seguridad.

Modelo SHELL

El modelo SHELL es un modo conceptual de explicación de la realidad, en este caso laboral, desarrollado por Edward en 1972, y modificado posteriormente, por Hawkins, en 1975.

La teleología básica de este paradigma es la importancia que se le da al ser humano como núcleo central de la realidad. Por cierto, reconoce que la persona posee una serie de debilidades que inciden directamente en su desempeño laboral; exigiendo, por tanto, al resto de los integrantes del modelo una complementación rigurosa, con el fin de maximizar la eficiencia sistémica.

Es el entorno. La máquina ha de acomodarse al hombre-trabajador, y nunca al revés, como ocurrió en el pasado (y como sigue ocurriendo aun, en algunas regiones del planeta). De allí, la importancia que ha cobrado en la actualidad la gestión emocional de Recursos Humanos, debiendo cada persona lograr habilidades intrapersonales, aptitudes que determinan el dominio de uno mismo: autoconocimiento, confianza, autorregulación, compromiso, empatía, motivación, entre otros; y habilidades interpersonales. Es decir, como son en el interior y como se los ve el entorno social. El nombre de este paradigma se deriva de las letras iniciales de sus componentes en idioma inglés:

Software. Corresponde al soporte lógico, como por ejemplo los procedimientos para llevar a cabo una tarea, los manuales, las listas de chequeos, las reuniones de coordinación, las instrucciones, entre otros.

Hardware. Es el soporte físico, como puede ser cualquier tipo de máquina. Un computador, una grúa, una guillotina, entre otros.

Environment. Corresponde al entorno sobre el que se mueve la persona, por ejemplo, la temperatura, la humedad, la presión del lugar de trabajo, el resto de las personas.

Liveware. Corresponde al elemento humano y el más importante de todos. Indudablemente, el factor Liveware es componente más importante del enfoque. Sin embargo, la clave es la interacción; la complementación que se produce entre el elemento humano y los demás componentes del sistema.

Corolario

1. La relevancia que tienen los factores humanos y organizativos, y su inmersión dentro del recurso preventivo en las operaciones de Seguridad y Salud Laboral, es sumamente alta.

2. El establecimiento de las seguridades que deben converger también lo son, incluso hasta el punto de tratar de hacer de ellas procedimientos inflexibles y de asumirlas con normalidad como parte de la vida diaria de los responsables en materia de seguridad, empleados, certificaciones, mantenimientos, y otros que hacen posible la actividad productiva responsable.

3. La integración de los factores humanos y organizativos dentro de la seguridad operacional han disminuido las probabilidades de ocurrir un accidente y también la exposición de las personas, puestos de trabajo y de las instalaciones

que pudieran considerarse como vulnerables.

4. La tendencia actual es el aumento de la capacidad instalada en materia productiva, con el objetivo asociado de elevar el número de operaciones; lo cual, sin las lamentables pérdidas de vidas humanas, materiales e incluso poblaciones afectadas por los accidentes, hubiese sido imposible. Pareciera que este comentario concluyente careciera de sensibilidad, pero más bien es todo lo contrario.

5. Hay una frase que cita: *"En Seguridad, se aprende de la base del error"*. Son las pérdidas irreparables, y las personas con atrevidas ideas e hipótesis, las que han contribuido a obtener, de la actividad productiva, un recurso eficiente, económico, regular y seguro. La Seguridad operacional ha evolucionado, y seguirá evolucionando.

PARA RECORDAR

El error humano ha sido indicado como la causa, o una de las causas principales de diversos accidentes.

Los errores son la consecuencia de determinadas características situacionales que no **fueron evidentes o solventadas por el trabajador o las medidas de la empresa.**

La seguridad, cuando es asumida por el personal que labora e identifica sus riesgos, es de carácter **positivo.**

Los operarios y usuarios suelen detectar y gestionar numerosas situaciones de alto riesgo que quizás han pasado desapercibidas o gestionada de forma insuficiente por los sistemas automatizados

El ser humano supera un gran número de barreras que se pueden categorizar como errores, ya sea de manera **individual o colectiva.**

El ser humano toma lecciones de las situaciones vividas, trayendo como consecuencia el aumento de su capacidad para afrontar situaciones de similares características.

El aprendizaje sobre el error permite **determinar la fiabilidad y poder analizar los casos en los que se ha producido el fallo.**

Desde el punto de vista preventivo, el aprendizaje sobre el error **supone un elemento desfavorable.**

Posterior al análisis mediante experticias que confirmen el error, la investigación partirá:

. Desde el resultado.

. Teniendo en cuenta que la misma acción en ocasiones anteriores pudo haber sido soportada por los medios técnicos y organizativos.

. Estimando que una acción errónea similar pudo haberse producido en reiteradas ocasiones.

El hecho de que ocurra un accidente manifiesta un fallo en el conjunto organizacional.

Los errores en materia de diseño se traducen **como configuraciones en las cuales existe una alta probabilidad de que un error de realización ocurra.**

Las mismas características del ser humano, y de su actividad, que contribuyen a la fiabilidad; a veces, conducen también a una falta de confiabilidad. Teniendo en cuenta esto, se puede decir que **un error es siempre involuntario.**

Los Colectivos profesionales constituyen:

- Una barrera frente a los errores susceptibles a ser cometidos por un miembro del equipo (detección y recuperación).
- Un soporte que limita los efectos de las variaciones de estado personal sobre la seguridad (evento personal).
- Una ayuda mutua que permite reducir el costo humano en la realización de las tareas.

Los colectivos profesionales contribuyen a la recepción y a la formación de nuevos miembros, a los que pueden transmitir formas de conocimiento distintas de las enseñadas por la empresa.

Los siguientes colectivos constituyen un caso potencialmente negativo para la seguridad:

- Los colectivos profesionales agresivos.
- Los colectivos dañados, y hasta destruidos, por las evoluciones organizativas.
- Los colectivos con dificultades para entenderse mutuamente, en conflicto y enfrentados unos contra otros.

Las normas **ISO 9000, en su versión 2000** incorporan la referencia a la "diversidad de clientes de la empresa cuyas necesidades se debe integrar"

El proceso a través del cual se ejerce la implementación de una compatibilidad relativa, entre lógicas que pueden ser distintas, se denomina **organización.**

La integración de los FHO, en el SMS, contempla:

- Considerar a la seguridad como el resultado del trabajo de todos.

- Valorar informaciones y competencias vitales para la seguridad que provengan de numerosos actores, en todos los niveles de la empresa y entre los suministradores de servicios.
- La respuesta frente a fenómenos previsibles, gracias a los saberes compartidos a escala internacional.

La cultura de seguridad que corresponde a una situación donde la dirección continúa asumiendo el liderazgo de la acción en materia de seguridad, pero tomando simultáneamente una serie de iniciativas para favorecer una fuerte participación de los empleados en las actividades relativas a la gestión de la seguridad, y en la aplicación de medidas es **la cultura Integrada**.

La dirección, por una parte, y los sectores de producción, por otra. Integran el conjunto de lógicas, bajo formas de compromiso razonablemente aceptables para todos los actores involucrados en la gestión de seguridad

CAPITULO 4

SISTEMA INTEGRADO DE GESTIÓN DE PELIGROS Y FACTORES DE RIESGO

Factores de riesgos en ámbitos específicos

Evaluación de riesgos

Principios de la seguridad y salud laboral

Corolario

Para recordar

SISTEMA INTEGRADO DE GESTIÓN DE PELIGROS Y FACTORES DE RIESGO

Es de gran importancia contemplar un capitulo dirigido a integrar los sistemas de gestión de peligros y factores de riesgos, desde una relación intrínseca de causa y efecto, enfocada a su vez desde ámbitos específicos en donde se aprecia el enfoque de partir desde lo general y teniendo que considerar áreas y actividades generadoras de riesgos potenciales que sólo son características de dichas áreas, que evidencian una problemática.

De forma simultánea, la gestión de esos elementos que afectan la seguridad y salud laboral, con la normativa de referencia y la necesidad de implementar el uso adecuado del sistema de gestión de prevención de riesgos laborales, y que integra a todos los afectados estableciendo los mecanismos adecuados para su implantación, es de vital importancia para cada uno de los involucrados en el ambiente de trabajo.

Es por ello que los responsables de la acción preventiva deben ir siempre por delante de esas actividades, convirtiéndose en investigadores de los diversos elementos que no se han considerado en el programa de seguridad y salud, actualizándose de forma continua y constituyéndose en garantes de que los participantes en las funciones del sistema de gestión de peligros y factores de riesgo, elijan las medidas acertadas.

Los factores de riesgo de actividades específicas, deben considerarse por sus características particulares, especialmente por el importante número de trabajadores que involucra y el elevado número de accidentes que se producen.

Factores de riesgos en ámbitos específicos

Construcción

En este ámbito, los factores de riesgo se distribuyen en dos grandes áreas:

- Elaboración del proyecto.
- Ejecución de la obra.

El Plan de Seguridad y Salud debe ser elaborado por cada contratista que vaya a intervenir en la obra; por lo que habrá tantos planes de seguridad como número de contratistas, los cuales deberán vigilar su cumplimiento en todos sus subcontratados y trabajadores autónomos posteriores a ellos. Lo normal es que exista un único contratista en una obra. Sólo en obras muy grandes y alargadas en el tiempo, se encontrarán varios contratistas con sus respectivos planes.

Para realizar el plan, cada empresa realizará una evaluación inicial basada en las actividades y oficios que realiza, determinando las medidas preventivas. Dichas medidas servirán de base para crear los procedimientos de trabajo que trasladarán a los planes de seguridad y salud que debe elaborar cada contratista. Por lo tanto, dicho plan constituirá la evaluación general de riesgos y servirá de instrumento básico para la ordenación de la actividad preventiva.

El plan recogerá las actualizaciones o modificaciones que se efectúen a lo largo de la obra y no elimina ni sustituye la obligación del empresario de adoptar las medidas preventivas necesarias.

Particularidades del Plan de Seguridad y Salud

El plan puede ser modificado por el contratista en función de:

- Proceso de ejecución de la obra
- Evolución de los trabajos
- Incidencias o modificaciones que puedan surgir a lo largo de la obra

El Plan de Seguridad y Salud estará en la obra, a disposición permanente de:

- La dirección
- Personas u órganos con responsabilidad en prevención de las empresas.
- Representantes de los trabajadores.

Quienes intervengan en la ejecución de la obra, o tengan responsabilidad en prevención, y los representantes de los trabajadores, podrán presentar, de forma razonada (por escrito), las sugerencias y alternativas que estimen oportunas.

Industrias extractivas

En función del nivel del riesgo determinado, se procederá a cubrir la ficha de gestión de la prevención. En la misma, se incluirán los riesgos cuya valoración se encuentre en los niveles moderado, importante e intolerable. Posteriormente, para cada uno de estos riesgos, se adoptarán las medidas correctoras. Una vez puestas en práctica, si los niveles de riesgo siguen siendo elevados, será necesario programar nuevas acciones con la ficha de acción/temporización, teniendo en cuenta:

- Tipo de ambiente (abierto o cerrado)
- Atmósfera minera
- Ventilación
- Apuntalamiento o sostenimiento
- Transporte y explosivos

Transporte

Se aplica al transporte de viajeros y mercancías, a las actividades auxiliares, ferrocarril, trolebús y medios de tracción por cable. Teniendo en consideración las especificaciones de las diversas vías:

- Aérea
- Marítima, fluvial y lacustre
- Terrestre y ferrocarril

Agricultura

La principal función de la agricultura es la producción de materias primas para satisfacer las necesidades del consumo humano y animal.

El desarrollo de la maquinaria agrícola, así como el incremento del uso de productos químicos, ha determinado que se produzcan cambios esenciales en este rubro, en donde el esfuerzo físico se ha hecho más ligero; pero a los factores tradicionales se han unido otros de índole biológico, físico y químico, ya que las condiciones de salud y seguridad en los trabajos agrícolas vienen determinadas por ciertas características peculiares, como:

- El carácter estacional del trabajo, que necesita gran cantidad de mano de obra, no siempre bien organizada.
- El trabajo, que se lleva a cabo en su mayor parte al aire libre, con exposición a condiciones ambientales y climáticas adversas.
- El uso de gran variedad de productos químicos agrícolas (pesticidas, abonos), con los riesgos de intoxicación que esto supone.

• La gran variedad de métodos de trabajo donde una misma tarea se puede efectuar por medios manuales o mediante máquinas, según el nivel de desarrollo.

• La dificultad de establecer y cumplir normas y reglamentos de seguridad e higiene en el trabajo.

Sin embargo, habrá que llegar a una seguridad integral en la actividad agrícola traducida en: medidas preventivas en la metodología de los diferentes trabajos; una legislación clara y específica; una protección personal de cada riesgo; medios de protección en máquinas y otros elementos; una información sobre los productos que se manejan así como lo relacionado con la salud del trabajador.

En este aspecto se destacan los siguientes elementos a considerar:

• Maquinaria Agrícola
• Motocultor
• Productos tóxicos y fitosanitarios
• Fertilizantes

Ganadería

Existen riesgos que pueden producir accidentes en las instalaciones ganaderas, sobre todo respecto a maquinaria y ganado. Entre ellos están las enfermedades transmitidas por los animales; para ello, las medidas de actuación y prevención generales son:

- Si se sospecha de alguna enfermedad considerada de "declaración obligatoria" en los animales, se avisará inmediatamente a la autoridad sanitaria.
- Disponer de bandejas de sal, sosa u otro producto a la entrada de las instalaciones con el fin de evitar propagaciones de enfermedades.
- No comer, beber o fumar mientras se manejan animales enfermos.
- Gestionar adecuadamente los animales muertos por enfermedad por los gestores autorizados para residuos.

Sistema de Gestión de Salud y Seguridad Laboral (OHSAS 18001)

Especifica los requisitos para un sistema de gestión de la Seguridad y Salud en el Trabajo (SSL). Tiene como fin:

- Cumplir la legislación en materia de prevención.
- Fomentar una cultura preventiva mediante la integración de la prevención en el sistema general de la empresa y el compromiso de todos los trabajadores con la mejora continua en el desempeño de la SSL.

Ventajas

- Crear las mejores condiciones de trabajo posibles en toda su organización.
- Identificar los riesgos y establecer controles para gestionarlos.
- Reducir el número de accidentes laborales y bajas por enfermedad para disminuir los costes y tiempos de inactividad ligados a ellos.
- Comprometer y motivar al personal con unas condiciones laborales mejores y más seguras.

- Demostrar la conformidad a clientes y proveedores.
- La Seguridad Vial relacionada con el trabajo constituye una preocupación, la norma OHSAS 18001 puede combinarse fácilmente con la norma ISO 39001.

Principios de la seguridad y salud laboral

1. La protección de la vida y salud de los trabajadores en su entorno de trabajo, a través de la prevención de accidente, enfermedades e incidentes relacionados con el trabajo.

2. Ser análogo con otras políticas de la organización.

3. Asegurar el cumplimiento de las leyes, reglamentos, normas y procedimientos relacionados con la seguridad y salud en el trabajo.

4. Garantizar la participación de los trabajadores, delegados y sindicatos en el Sistema de Gestión de Seguridad y Salud del centro de trabajo.

5. Contar con los recursos financieros suficientes para su ejecución.

6. El empleador elabora la política de seguridad y salud en el trabajo por medio del Servicio de Seguridad y Salud en el Trabajo y en conjunción con el comité de Seguridad y Salud Laboral. Este debería hacerse por escrito, señalando los objetivos específicos para alcanzar la prevención de accidentes, enfermedades e incidentes ocupacionales, así como el compromiso de mejora continua con respecto a la seguridad y salud en el trabajo.

Corolario

Se debe tener en cuenta una serie de elementos y factores a considerar en el propio desempeño profesional de diversos ámbitos en lo que se refiere a la gestión de la seguridad y salud laboral destacando:

1. Un enfoque encaminado a la gestión de peligros y factores de riesgo, desde un punto de vista esférico, hace inferir y confirmar la transversalidad de los programas destinados a la prevención en esta materia.

2. Es necesario enfocarse en analizar las particularidades de cada puesto de trabajo, con el fin de determinar las acciones preventivas adecuadas según el caso.

3. Ser más específico en cada ambiente de trabajo y no pensar que la gestión del riesgo es genérica, así como en el mismo sentido la aceptación de de las medidas por los trabajadores en cada actividad.

4. Existe la necesidad continua de supervisión y revisión de las operaciones, con enfoque integral, para la posterior adopción de la protección que se requiera.

PARA RECORDAR

Los factores de riesgos, en el ámbito específico de la construcción, abarcan La elaboración del proyecto y la ejecución de la obra.

El Plan de Seguridad y Salud, en el ámbito de la construcción, debe ser elaborado por **cada contratista que vaya a intervenir en la obra.**

El plan puede ser modificado por el contratista, en función del proceso de ejecución de la obra, la evolución de los trabajos y las incidencias o modificaciones que puedan surgir a lo largo de la obra.

El Plan de Seguridad y Salud estará en la obra, a disposición permanente de mis **representantes de los trabajadores.**

Las actividades de prevención en el ámbito agrícola deben tomar en cuenta ciertas características, siendo una de las principales el **trabajo que se lleva a cabo en su mayor parte al aire libre, con exposición a condiciones ambientales y climáticas adversas.**

Con respecto a la ganadería, se debe d**isponer de bandejas de sal, sosa u otro producto a la entrada de las instalaciones, con el fin de evitar propagaciones de enfermedades.**

El Sistema de Gestión de Salud y Seguridad Laboral (OHSAS 18001) tiene como fin **cumplir la legislación en materia de prevención.**

La Seguridad Vial relacionada con el trabajo constituye una preocupación. La norma OHSAS 18001 puede combinarse fácilmente con la norma **ISO 39001.**

La política de seguridad y salud laboral debe ser análoga con otras políticas de la organización y **tienen la misma importancia.**

El empleador debe elaborar la política de seguridad y salud en el trabajo, por medio del Servicio de Seguridad y Salud en el Trabajo y en conjunción con el comité de Seguridad y Salud Laboral

CAPITULO 5

ESTIMACION DE PELIGROS Y FACTORES DE RIESGO

Estimación de peligros y factores de riesgo

Evaluación de riesgos

Plan de prevención

Proceso de evaluación

Método FINE

Corolario

Para recordar

ESTIMACION DE PELIGROS Y FACTORES DE RIESGO

La palabra riesgo dentro del área de seguridad y salud laboral, tiene permanente presencia y en realidad es imposible eliminar todos los riesgos, pero siempre se hace un esfuerzo para reducirlos a su máxima expresión; para ello es indispensable asignarle un valor cuya interpretación, en muchos casos, suele ser más bien cualitativa. Sin embargo, con el uso de métodos y escalas ya pre establecido esa comprensión de lo subjetivo es posible.

La importancia de asignar un valor estimado, es poder priorizar en el establecimiento de las medidas y acciones preventivas, tanto para el colectivo como de forma individual, para los trabajadores expuestos. Es por ello que este tema va destinado a la interpretación básica de elementos que se constituyen como peligrosos o factores de riesgo, en donde por lo general suelen ser varios que confluyen; y deben tratarse por separados analizándose hasta su mínima expresión.

Evaluación de riesgos

La evaluación de riesgos se define como "Proceso dirigido a estimar la magnitud de aquellos riesgos que no hayan podido evitarse, obteniendo la información necesaria para que la organización esté en condiciones de tomar una decisión apropiada sobre la necesidad de adoptar medidas necesarias y, en tal caso, sobre el tipo de medidas que deben adoptarse".

Plan de prevención de riesgos

El plan de prevención de riesgos debe tener el siguiente contenido:

- Identificación de la empresa: actividad, características de los centros de trabajo Y número de trabajadores.
- Estructura organizativa de la empresa, funciones y responsabilidades de cada uno de los niveles jerárquicos en relación con la prevención de riesgos laborales.
- Organización de la prevención de la empresa, indicando la modalidad

preventiva elegida y los órganos de representación existentes.

• Política, objetivos y metas en materia preventiva, así como los recursos humanos, técnicos, materiales y económicos de los que dispone.

El empresario debe asegurarse de que las medidas preventivas se llevan a cabo, efectuando seguimientos continuos de las mismas. Si tras la evaluación de riesgos se deduce que el riesgo no es tolerable habrá que controlarlo. Al proceso conjunto de Evaluación de riesgo y Control del riesgo se le suele denominar Gestión del riesgo.

La evaluación de riesgos debe quedar documentada, debiendo reflejarse, para cada puesto de trabajo evaluado, los siguientes datos:

• Identificación del puesto de trabajo.
• Riesgo o riesgos existentes.
• Relación de trabajadores afectados.
• Resultado de la evaluación y medidas preventivas procedentes.

- Referencia a procedimientos y métodos de evaluación y medición, análisis utilizados, si procede.

Proceso de la Evaluación de Riesgos

El proceso de evaluación de riesgos se compone en primer lugar de una etapa preliminar que consiste en la clasificación de las actividades de trabajo, recopilando toda la información necesaria para posteriormente realizar:

En el análisis del riesgo hay que tomar en cuenta: 1.La identificación del peligro y 2. La estimación del riesgo.

La valoración del riesgo se efectúa analizando conjuntamente la probabilidad y las consecuencias de que se materialice el peligro. Para cada peligro detectado debe estimarse el riesgo, determinando la potencial severidad del daño (consecuencias) y la probabilidad de que ocurra el hecho.

}

RIESGO	ACCION
TRIVIAL	No se requiere acción específica.
TOLERABLE	No se necesita mejorar la acción preventiva, sin embargo se deben considerar soluciones más rentables o mejoras que no. Supongan una carga económica importante. Se requieren comprobaciones periódicas para asegurar que Se mantiene la eficacia de las medidas de control.
MODERADO	Se deben hacer esfuerzos para reducir el riesgo determinando las inversiones precisas. Las medidas para reducir el riesgo deben implantarse en un período determinado. Cuando el riesgo moderado está asociado con consecuencias extremadamente dañinas, se precisará una acción posterior para establecer, con más precisión, la probabilidad de daño como base para determinar la necesidad de mejora de las medidas de control.
IMPORTANTE	No debe comenzarse el trabajo hasta que se haya reducido el riesgo. Puede que se precisen recursos considerables para controlar el riesgo. Cuando el riesgo corresponde a un trabajo que se está realizando, debe remediarse el problema en un tiempo inferior al de los riesgos moderados.
INTOLERABLE	No debe comenzar ni continuar el trabajo hasta que se reduzca el riesgo.

Figura 1. Criterios para la toma de decisiones

SEVERIDAD DEL DAÑO	PROBABILIDAD DE QUE OCURRA EL DAÑO
Partes del cuerpo que se verán afectadas. Naturaleza del daño: - Ligeramente dañino. - Dañino. - Extremadamente dañino.	Alta: el daño ocurrirá siempre o casi siempre. Media: el daño ocurrirá en algunas ocasiones. Baja: el daño ocurrirá raras veces.

Figura 2. Estimación del riesgo

Evaluación Inicial de Riesgos

El empresario debe realizar una evaluación inicial de los riesgos, que permitirá estudiar y decidir las acciones de control que se pondrán en marcha dentro de la organización.

En función de esta evaluación inicial y de la política de prevención de la organización se establecerán una serie de objetivos.

La evaluación inicial debe revisarse cuando:

- Lo establezca una disposición específica
- Se hayan detectado daños a la salud de los trabajadores
- Las actividades de prevención puedan ser inadecuadas o insuficientes

Además deberán revisarse con la periodicidad que se acuerde entre la organización y los representantes de los trabajadores.

Resultado de la Evaluación

El resultado de una evaluación de riesgos debe servir para hacer un inventario de acciones, con el fin de diseñar, mantener o mejorar los controles de riesgos.

Principios de los Métodos de Control
- Combatir riesgos en origen
- Adaptar el trabajo a la persona
- Tener en cuenta la evolución de la técnica
- Sustituir lo peligroso por lo que entrañe poco o ningún peligro
- Adoptar las medidas que antepongan la protección colectiva a la individual
- Dar las debidas instrucciones a los trabajadores

Si de dicha evaluación se viera la necesidad de adoptar medidas preventivas, se deberá:

- **Eliminar o reducir el riesgo**, mediante medidas de prevención en el origen, organizativas, de protección colectiva, de protección individual o de formación e información a los trabajadores.

- **Controlar periódicamente** las condiciones, la organización y los métodos de trabajo y el estado de salud de los trabajadores.

Se evaluaran de nuevo los puestos de trabajo que puedan verse afectados por la elección del equipo de trabajo, la introducción de nuevas tecnologías, los cambios en las condiciones de trabajo y/o la incorporación de un trabajador cuyas características personales o estado biológico conocido lo hagan especialmente sensible a las condiciones del puesto.

MÉTODO FINE

El método FINE es un sistema de análisis por índices, en el que se determina el grado de peligrosidad de riesgos de accidente según FINE. Sólo es recomendable su uso en casos específicos, donde la valoración del riesgo no queda bien definida. No es aconsejable su uso como evaluación general de riesgos para toda la empresa. Las medidas correctoras se justifican en función de su coste y del grado de corrección que se logra: Grado de peligrosidad del riesgo de accidente: G.P. = C x P x E.

Justificación = C x E x P / factor de coste x grado de corrección.

Este método en la estimación de riesgos y peligros contempla;

- **Consecuencias:**

    a) Catástrofe con numerosas muertes 100 puntos

    b) Varios fallecimientos 50 puntos

    c) Muerte con daños 25 puntos

    d) Lesiones graves con riesgos de invalidez permanente 15 puntos

    e) Lesiones que precisen baja médica 5 puntos

    f) Lesiones sin baja 1 punto

- **Exposición.**

    a) De forma continuada a lo largo del día (muchas veces) - 10 puntos

    b) De forma frecuente, con periodicidad diaria de al menos una vez - 6 puntos

c) De forma ocasional, semanal o mensual - 3 puntos

d) De forma irregular, una vez al mes a una vez al año - 2 puntos

e) De forma excepcional, con años de diferencia - 1 punto

f) De forma remota. Se desconoce si se ha producido, pero no se descarta la situación - 0,5 puntos

- **Probabilidad**.

    a) Si el accidente es el resultado más probable al hacer la actividad - 10 puntos

    b) El accidente es factible - 6 puntos

    c) Aunque no es muy probable, ha ocurrido o podría pasar - 3 puntos

    d) El accidente sería producto de la mala suerte, pero es posible - 1 punto

    e) Es muy improbable, casi imposible. Aún así, es concebible - 0,5 puntos

    f) Prácticamente imposible. No se ha producido nunca pero es posible - 0,3 puntos

- **Corrección. Coste y justificación.**

Determinar el grado de peligrosidad permitirá desarrollar la justificación, esta fórmula a su vez, repercutirá directamente en la actividad que ha sido objeto de estudio y consecuentemente en la acción preventiva que se estime oportuna.

Corolario;

1. Después de haber profundizado en la concepción del riesgo desde diversas perspectivas, haciendo énfasis sobre todo en el control y aislamiento como medida inicial de protección cuando éste no puede ser eliminado debemos asignarle un valor para poder interpretar cuales son las medidas acertadas dentro de la acción preventiva y que nos permita asimilar la convivencia laboral con estos elementos que representan una probabilidad directa de ocurrir un daño.

2. Hay diversos métodos para analizar los posibles elementos y factores de riesgo, sin embargo el que mejor se adapte por razones de especificidad será el de mayor rigor para cada caso.

3. En cuanto a los elementos a considerar, el coste e impacto administrativo son parte de los principales puntos a tener en cuenta y es allí donde la inversión de la prevención deja de suponer un gasto partiendo de las consecuencias, como hemos explicado desde la gestión de riesgo.

4. El instrumento o modelo matemático que pueda utilizar en cada ambiente de trabajo, se constituye como herramienta fundamental y objetiva

con el fin de disminuir las posibles incertidumbres, es por ello que debemos hacer el uso y selección adecuado de cada una de ellas.

PARA RECORDAR:

La evaluación de riesgo permite tomar una decisión apropiada sobre la necesidad de adoptar medidas necesarias y, en tal caso, sobre el tipo de medidas que deben adoptarse.

El plan de prevención de riesgos, con respecto a la identificación de la empresa, se refiere a la actividad de la empresa, características de los centros de trabajo y número de trabajadores.

El plan de prevención de riesgos, con respecto a la organización de la prevención de la empresa, debe indicar la modalidad preventiva elegida y los órganos de representación existentes.

El empresario debe asegurarse de que las medidas preventivas se llevan a cabo, efectuando Seguimientos continuos de las medidas preventivas.

Si, tras la evaluación de riesgos, se deduce que el riesgo no es tolerable, habrá que controlar el riesgo.

Al proceso conjunto de evaluación de riesgo y control del riesgo se le suele denominar gestión del riesgo.

La evaluación de riesgos debe quedar documentada, debiendo reflejarse, para cada puesto de trabajo evaluado, una serie de datos.

- Identificación del puesto de trabajo.
- Riesgo o riesgos existentes.
- Relación de trabajadores afectados.
- Resultado de la evaluación y medidas preventivas procedentes.

El proceso de evaluación de riesgos se compone, en primer lugar, de clasificación de las actividades de trabajo.

Debe estimarse el riesgo, determinando la potencial severidad del daño (consecuencias) y la probabilidad de que ocurra el hecho para cada peligro detectado.

Haciendo referencia a los criterios para la toma de decisiones, cuando se requieren comprobaciones periódicas para asegurar que se mantiene la eficacia de las medidas de control, nos referimos a un tipo de riesgo tolerable.

Haciendo referencia a los criterios para la toma de decisiones, cuando no se debe comenzar o continuar el trabajo hasta que se reduzca el riesgo, nos referimos a un tipo de riesgo intolerable.

Haciendo referencia a los criterios para la toma de decisiones, cuando no se necesita mejorar la acción preventiva, sin embargo se deben considerar soluciones más rentables o mejoras que no supongan una carga económica importante, nos referimos a un tipo de riesgo Tolerable.

Haciendo referencia a los criterios para la toma de decisiones, cuando no se requiere de acción específica, nos referimos a un tipo de riesgo Trivial.

La evaluación inicial debe realizarse, a excepción de cuando las actividades de sean adecuadas o suficientes.

BIBLIOGRAFIA

Autores Varios. (2009) Manual para el profesor de Seguridad y salud en el trabajo. INSHT Barcelona. España

FAUSTINO MENENDEZ DIEZ; FLORENTINO FERNANDEZ ZAPICO (2007) Formación superior en prevención de riesgos laborales: parte obligatoria y común, Editorial LEX NOVA, España 2007

HANS-HORTS. K. (2001). Prevención de accidentes de trabajo. Magazine. Revista de la agencia europea para la seguridad y la salud en el trabajo. No 4 Bélgica.

MELIÁ, J.L. (2007). El factor humano en la seguridad laboral. Psicología de la Seguridad y Salud Laboral. Bilbao: Lettera Publicaciones

ROJAS DE NAVA, C. (2001), Seguridad Integral. Aplicaciones, Editorial de la Universidad del Zulia (Ediluz), Maracaibo, Venezuela.

SÁNCHEZ GÓMEZ-MERELO, M. (ed.) (1998) Gestión integrada de servicios y seguridad, E.T. Estudios Técnicos, Madrid.

Ley 31/1995, de 8 de noviembre, de prevención de Riesgos Laborales. España

Real Decreto 773/1997, 30 de mayo, sobre disposiciones mínimas de seguridad y salud relativas a la utilización por los trabajadores de equipos de protección individual. (España)

Ley Orgánica de Prevención, Condiciones y Medio Ambiente de Trabajo (2005). Gaceta Oficial de la Republica Bolivariana de Venezuela, 38.236, Julio 26, 2005.

Ley Orgánica del Trabajo (1997). Gaceta Oficial de la Republica Bolivariana de Venezuela, 5.152 (Extraordinaria), Junio 19, 1997.

www.ingramcontent.com/pod-product-compliance
Lightning Source LLC
Chambersburg PA
CBHW021435170526
45164CB00001B/256